8° **F** Pièce
1845.

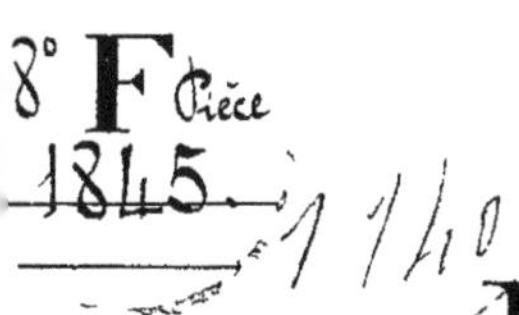

AF298604

RAPPORT

adressé sur sa demande

A

MONSIEUR LE MINISTRE DES AFFAIRES ÉTRANGÈRES

SUR LA

Législation internationale de la Propriété industrielle

AU POINT DE VUE

de la Conférence internationale qui aura lieu
à Madrid le 1er avril 1890

PAR

Louis DONZEL

Avocat à la Cour d'appel de Paris

———⟨✦⟩———

PARIS

MARCHAL ET BILLARD

LIBRAIRES DE LA COUR DE CASSATION

27, place Dauphine, 27

—

1890

RAPPORT

adressé sur sa demande

A

MONSIEUR LE MINISTRE DES AFFAIRES ÉTRANGÈRES

SUR LA

Législation internationale de la Propriété industrielle

AU POINT DE VUE

de la Conférence internationale qui aura lieu
à Madrid le 1er avril 1890

PAR

Louis DONZEL

Avocat à la Cour d'appel de Paris

PARIS

MARCHAL ET BILLARD

LIBRAIRES DE LA COUR DE CASSATION

27, place Dauphine, 27

1890

RAPPORT

ADRESSÉ

A MONSIEUR SPULLER

Ministre des Affaires étrangéres

SUR LA PROCHAINE

CONFÉRENCE DE MADRID

RELATIVE A LA

PROPRIÉTÉ INDUSTRIELLE

Le projet de loi de M. le député Philipon, pour la protection de la propriété littéraire et artistique, soulève les protestations des écrivains et des artistes, dont il a pour but de défendre les intérêts.

De même la Convention internationale du 20 mars 1883 dite *pour la protection de la propriété industrielle* a soulevé d'énergiques protestations dans les milieux industriels qu'elle était destinée à satisfaire.

Tant qu'on abandonnera à des Congrès internationaux composés de théoriciens, de spécialistes et d'agents d'affaires de tous les pays, le soin de diriger la réforme de nos lois, concernant la situation économique du travail national, cette réforme sera dirigée dans le sens le plus favorable à nos rivaux industriels. Et cela ne cessera (1) que du jour où l'on n'attachera plus aucune importance à ces « *parlottes*, » internationales, qui deviendraient un fléau, si on continuait à les prendre au sérieux ; car elles justifient cette plainte de la Chambre syndicale des constructeurs-mécaniciens du Nord :

---

(1) Nous ne parlons que des Congrès internationaux d'ordre économique : nos critiques ne visent pas les Congrès scientifiques.

« *C'est une majorité d'étrangers qu'on a fait délibérer autour d'un tapis vert français, sur l'opportunité de réformes legislatives d'ordre économique, se rattachant à la lutte industrielle que nous avons à soutenir contre eux* (1). »

La Convention internationale du 20 mars 1883 pour la protection de la propriété industrielle a soulevé les protestations et les plaintes d'un grand nombre de Chambres de commerce, consultées à ce sujet par M. Pierre Legrand en 1885.

Elles se sont divisées, à ce sujet, en deux catégories :

1° Les unes demandaient la dénonciation immédiate de la Convention ;

2° Les autres Chambres émettaient cet avis, qu'il fallait profiter de la faculté de dénonciation, pour peser sur les autres Etats de l'Union, lors de la première des conférences de révision prévues par l'article 14, qui devait bientôt avoir lieu à Rome, et ne dénoncer la Convention qu'au cas d'insuccès.

La première catégorie était composée des Chambres de commerce de Paris, Bordeaux, Lille, Perpignan, Morlaix, Dieppe, Cette, Brest, La Rochelle, Gray,

---

(1) Lorsque nous avons commencé à soulever les Chambres de commerce contre les innovations de la Commission exécutive permamente du Congrès de 1878, qui a pris l'initiative de la Convention, et qui la défend *mordicus*, aujourd'hui, qu'elle est devenue la *Commission exécutive permanente internationale du Congrès de 1889*, nous avons reçu d'une Chambre de commerce libre-échangiste d'une des quatre premières villes de France la lettre suivante :

« Au nom de mes collègues, je vous remercie, Monsieur, du zèle que
» vous déployez pour défendre notre industrie et notre commerce
» contre le faux libéralisme et l'initiative imprudente, pour ne pas dire
» plus, de quelques hommes téméraires ou mal informés. A force de
» vouloir nous rendre des services que nous ne leur demandons point,
» ces messieurs finiront par nous tuer ou par nous rendre très mala-
» des.

» Cette rage de s'ingérer dans les affaires d'autrui appelle le concours
» d'un nouveau Pasteur, car la passion des réformes est un virus qui
» aurait singulièrement besoin d'être atténué ! »

Avis aux amateurs de Congrès internationaux qui ont la rage de vouloir rendre à notre *industrie des services qu'on ne leur demande pas !* La Convention de 1883 n'a pas d'autre origine.

Bourges, Toulon, Toulouse, Mâcon, Amiens, Nancy, Besançon, Le Mans, Nantes, Sedan, Lons-le-Saunier, Grenoble.

Dans la deuxième catégorie figuraient les Chambres de Lyon, Rennes, Valenciennes, Angoulême, Tours, Saint-Omer, Rouen, Le Havre, Cambrai, Nîmes, Boulogne-sur-Mer, Quimper, Chalon-sur-Saône, Clermont-Ferrand, Troyes, Epinal, Avignon.

Les Chambres de Paris, Besançon, Lyon, Toulouse, se distinguaient par la vivacité de leurs critiques et l'énergie de leurs réclamations.

La Chambre de commerce libre-échangiste par excellence, celle de Marseille, se bornait à formuler contre la libre importation des objets brevetés, en vertu de l'art. 5 de la Convention, des critiques, que les défenseurs de l'Union ont trouvé ingénieux de rapporter à des tendances protectionnistes.

Seules, à notre connaissance, du moins, les Chambres de commerce de Beauvais, Reims, Saint-Etienne et Vienne se sont montrées favorables à l'Union, celle de Vienne sans exposé de motifs, celle de Reims dans des termes presque enthousiastes.

C'est dans ces conditions, et après ces consultations, que la conférence de Rome s'est réunie du 24 avril au 11 mai 1886.

Des améliorations, non sans importance, de plusieurs articles ont été votées, conformément aux vues exprimées par le Groupe Industriel de l'ancienne Chambre, et aux critiques des Chambres de commerce ; mais les dispositions nouvelles, qui paraissaient avantageuses pour l'industrie française, ont été, en fait, compensées par les inconvénients d'autres dispositions, pires que le texte primitif, ce qui fait que la Convention de 1886 n'a pas été proposée à la ratification du Parlement.

Cette convention est donc lettre morte.

Mais la seconde des conférences de révision, prévues et autorisées par l'art. 14, va se tenir à Madrid le 1er avril 1890, et cette prochaine conférence remet sur le tapis, avec un intérêt nouveau, la question de la propriété industrielle au point de vue international.

Le bureau international de l'Union qui réside à Berne, a arrêté, d'accord avec l'Administration espagnole, le texte de nouvelles propositions, sur lesquelles la conférence de Madrid aura à statuer, et qui ont été notifiées au quai d'Orsay.

Le ministère du Commerce vient de soumettre ces propositions à l'examen des Chambres de commerce, dans sa circulaire du 22 janvier, sans les modifier et sans y ajouter lui-même aucune disposition nouvelle, au nom de la France. Elles comprennent :

1° Un projet d'arrangement, au sujet de la répression des fausses indications de provenance des marchandises circulant dans l'Union ;

2° Un projet de protocole pour l'interprétation de certains articles de la Convention de 1883 ;

3° De son côté, le bureau international de Berne propose un projet d'enregistrement international des marques de l'Union à Berne.

Le premier pourrait devenir partie intégrante de la Convention de 1883, si l'unanimité des Etats de l'Union l'adoptaient. A défaut de cette unanimité, et dans le cas où une partie seulement des Etats seraient consentants, il pourrait se former dans l'Union, sur cette base, une nouvelle Union plus restreinte et plus perfectionnée. Telle est du moins l'opinion du bureau international de Berne, que M. le Ministre du Commerce a faite sienne dans sa circulaire du 22 janvier 1890.

Examinons successivement le projet d'arrangement et le projet de protocole des marques, et le projet d'enregistrement international.

I

PROJET D'ARRANGEMENT

*Pour la répression des fausses indications
de provenance.*

Le projet d'arrangement concernant l'indication d'une
fausse provenance, améliore l'article 10 de la Convention de 1883. De même que le deuxième alinéa du para-
graphe 1er de l'article additionnel à l'article 10, voté par
la première conférence de révision, tenue à Rome en
1886 — mais non ratifiée par le Parlement, — ce projet
supprime les mots : *lorsque cette indication sera jointe
à un nom commercial fictif, ou emprunté dans une intention frauduleuse,* qui terminent l'article 10 de la Convention de 1883. Ces mots ont pour résultat d'exiger,
pour la saisie des produits étrangers revêtus d'une
fausse indication de provenance française, une double
fraude ; car il ne suffit pas, pour que la saisie soit légale,
qu'il y ait, sur la marchandise, une fausse indication
de provenance ; mais il faut encore qu'il y ait un nom
commercial fictif, ou un nom emprunté dans une intention frauduleuse. La saisie serait donc illégale, au cas
où la loi du 19 juin 1857 et la jurisprudence la déclaraient
auparavant licite, c'est-à-dire au cas d'une fraude simple. On peut ainsi, en prenant à la lettre l'article 10, introduire en France des draps étrangers avec la mention
Sedan, des eaux-de-vie allemandes avec le nom de
Cognac, des soieries suisses intitulées *Soieries de Lyon,*
soit sans nom, soit avec le nom réel de l'importateur.
Car, dans les deux cas, il y a une fraude simple, et la
combinaison des deux fraudes, nécessaire pour la saisie, fait défaut, puisqu'il n'y a. *ni nom fictif, ni nom
emprunté dans une intention frauduleuse,*

Il est indéniable qu'en abrogeant la théorie de la
fraude compliquée, pour revenir à celle de la fraude
simple, par la suppression des mots que nous venons

de souligner, le projet d'arrangement, émanant du bureau de Berne, réaliserait une amélioration du texte de 1883. Mais le mot *illicitement*, qui avait sa raison d'être, dans le texte de 1886, puisque l'article voté à Rome, et non ratifié, admet que la tromperie pourra, dans certains cas, devenir licite, — ce mot *illicitement*, maintenu dans le projet d'arrangement, où il n'a plus sa raison d'être, ouvre une porte toute grande à la Chicane qui disputera sur le cas, où l'emploi d'une fausse indication de provenance sera licite ou illicite. Ainsi se trouverait perpétuée une controverse dont l'industrie française paierait les frais, si on jugeait, comme l'a fait la Cour de cassation en 1864, que cet emploi est licite, au cas de connivence entre le destinataire, résidant dans le pays qui est désigné comme indication de provenance, et le fabricant étranger qui a apposé, sur son ordre, soit la fausse indication de provenance, soit le nom du destinataire lui-même, soit les deux mentions réunies.

Le projet d'arrangement proposé par le bureau de Berne, constituerait donc une amélioration sensible de la Convention de 1883, s'il devait être adopté à l'unanimité. Mais l'hypothèse, prévue d'avance, et visée, avec raison, comme certaine, par la circulaire ministérielle du 22 janvier, d'une acceptation de cette proposition par une partie seulement des Etats contractants, et le souvenir des discussions qui se sont élevées, en 1886, à la conférence de Rome, ne permettent pas d'admettre, un seul instant, que les nouvelles propositions soient acceptées à l'unanimité.

Nous savons, dans ce cas, par la circulaire du 22 janvier 1890, ce qu'il adviendra de l'Union, d'après les auteurs des nouvelles propositions. Le moment est donc venu de rechercher, s'il est possible, et en tous cas, s'il est expédient, de greffer une nouvelle convention sur celle de 1883. Ne vaudrait-il pas mieux dénoncer celle-ci, soit pour réédifier, si cela est nécessaire, l'Union sur d'autres bases, soit pour substituer au système de l'Union, qui présente de très graves inconvénients, celui d'une convention-type, signée séparément avec les nations susceptibles d'entrer dans la voie de la protection réciproque des marques et des dessins de fabrique, et de la répression de la fraude sur les indications de provenance ?

C'est ce que nous allons examiner.

Est-il possible de former dans l'Union, pour la protection de la propriété industrielle, une union nouvelle limitée aux Etats qui adhéreront aux nouvelles propositions ?

En principe, la question ne fait pas de doute, puisque l'article 15, visé dans la circulaire du 22 janvier, édicte précisément la possibilité de resserrer quelques États de l'Union par les liens d'une union plus étroite et plus perfectionnée. Il est ainsi conçu :

ART. 11. — Il est entendu que les Hautes parties contractantes se réservent respectivement le droit de prendre séparément, entre elles, des arrangements particuliers pour la protection de la propriété industrielle, *en tant que ces arrangements ne contreviendraient point aux dispositions de la présente convention.*

En fait, le projet de nouvelle Union qui émane du bureau de Berne, est impraticable, parce que ce projet d'arrangement contreviendrait, s'il était accepté par quelques États, aux dispositions de la Convention de 1883. N'a-t-il pas pour effet de substituer, pour la saisie, au système de la fraude complexe, résultant de l'article 10 de la Convention de 1883, celui de la fraude simple, consacré par la loi du 19 juin 1877, et la circulaire ministérielle du 26 janvier 1886.

Il n'est donc pas possible de former dans l'*Union pour la protection de la propriété industrielle* une union circonscrite et restreinte, sur la base des nouvelles propositions faites par le bureau de Berne.

L'arrangement proposé, pour déroger à la convention primitive, sans violer l'article 15, devrait donc être adopté par l'unanimité des Etats de l'Union. Il perdrait alors son caractère d'arrangement particulier, et pourrait, dès lors, contrevenir à la Convention de 1883, sans que l'article 15, applicable aux seuls arrangements particuliers, pût intervenir.

On ne manquera pas d'opposer à ce raisonnement, la théorie du *minimum* qui a été inventée en 1885, pour défendre l'Union, théorie d'après laquelle les dispositions de la Convention de 1883 réaliseraient un *minimum* de protection qui pourrait être complété par des dispositions subséquentes plus protectrices.

On pourrait ainsi, sans contrevenir à la Convention de 1883, modifier l'article 10 dans le sens d'une saisie possible, même au cas d'une fraude simple, conformément à l'article 1er du projet d'arrangement, c'est-à-dire même au cas d'une fausse indication de provenance non accompagnée d'un nom fictif ou d'un nom emprunté dans une intention frauduleuse.

Mais nous croyons avoir démontré que la théorie du *minimum* est antijuridique et ne repose ni sur le texte, ni sur l'historique, ni sur l'esprit de l'Union qui a été de réaliser un *minimum* d'unification législative, qui se trouverait entamé, le jour où des arrangements particuliers feraient disparaitre l'uniformité de législation que la Convention de 1883 a eu pour but d'établir.

Une lettre adressée par nous à M. Dietz-Monnin, en novembre 1888, pour réfuter la théorie du *minimum*, sur laquelle il a basé les articles du projet de loi sur les marques, qui ne sont pas en harmonie avec le texte de la Convention, a reçu l'adhésion de MM :

DESPAGNET, professeur de droit international à la Faculté de droit de Bordeaux ;

DANIEL DE FOLLEVILLE, professeur de droit international à la Faculté de droit de Lille ;

ERNEST LEHR, professeur à l'Université de Lausanne ;

DE MARTENS, professeur à l'Université de Saint-Pétersbourg ;

EDMOND PICARD, avocat à la Cour de cassation de Bruxelles ;

PRADIER-FODÉRÉ, conseiller à la Cour de Lyon ;

Rouard de Card, professeur à la Faculté de droit de Toulouse ;

Surville, professeur à la Faculté de droit de Poitiers ;

André Weiss, professeur à la Faculté de droit de Dijon.

Devant de telles autorités, les inventeurs de la théorie du *minimum*, sur laquelle repose le projet d'arrangement, qui émane du bureau international, n'ont qu'à s'incliner. (1).

L'article 15 s'oppose donc, en droit, à ce qu'il soit formé, dans l'Union de 1883, une nouvelle union plus restreinte, greffée sur l'autre et contenant des dispositions qui ne seraient pas en harmonie avec le texte primitif.

Un des articles additionnels à l'article 10 voté, en 1886, à Rome, pose le principe de la répression des fraudes de toute nature commises avec de fausses indications de provenance.

Mais un article qui suit immédiatement, supprime le délit quand c'est du consentement du fabricant intéressé que son nom a été apposé sur un produit étranger.

« Le principe qui est la base du second article
» additionnel à l'article 10 de la Convention, est-il dit
» dans l'exposé des motifs, paraît devoir être écarté ; car
» il ne serait adopté que par un petit nombre d'Etats,
» et pourrait avoir des conséquences contraires au but
» poursuivi par l'Union. Quant au premier de ces arti-
» cles, il a été généralement accueilli avec faveur.
». Il est conforme à la tendance du jour qui devient
» de plus en plus sévère pour les fausses indications de
» provenance, et il tend à assurer la loyauté dans le
» commerce international. Il convient donc d'en con-
» server le principe, mais sous une forme qui ne soit
» pas obligatoire pour tous les Etats de l'Union, afin

---

(1) Propositions soumises à la conférence de Madrid par l'Administration espagnole et le bureau international (page 2).

» qu'on ne doive pas renoncer à toute disposition de
» cette nature, au cas où il n'y aurait pas unanimité
» sur ce point. C'est pour cela que l'Administration
» espagnole et le bureau international proposent de
» consacrer ce principe sous la forme d'un arrange-
» ment particulier, forme très usitée dans l'*Union pos-
» tale* quand un certain nombre d'Etats s'entendent
» entre eux pour introduire un progrès que les autres
» pays contractants ne sont pas encore en mesure de
» réaliser. On crée ainsi dans le sens de l'Union
» mère, des Unions restreintes qui s'accroissent sans
» cesse, et finissent parfois par atteindre la même
» extension que l'Union principale. »

Le bureau international oublie, en s'exprimant ainsi,
qu'il n'y a aucune assimilation possible entre une union
postale, taillée tout entière dans une matière adminis-
trative, qui est à la discrétion des gouvernements, et
une union, comme celle dont il s'agit, qui met en jeu des
intérêts privés aussi considérables que difficiles à concilier.

D'autre part, il résulte du passage que nous venons
de citer, que la future Convention de Madrid ne serait
pas une convention nouvelle, se suffisant à elle seule,
mais bien une annexe de celle de 1883. Les deux conventions deviendraient solidaires l'une de l'autre. On
ne pourrait plus se dégager des liens de la première,
en la dénonçant, vis-à-vis des Etats qui n'auraient pas
accepté les propositions apportées par le bureau international, à Madrid, sans renoncer aux avantages du
nouveau pacte. Car on ne peut dénoncer la Convention
vis-à-vis d'un ou plusieurs Etats, sans la dénoncer vis-
à-vis de toute l'Union. Les défenseurs obstinés de ce
régime auraient ainsi beau jeu pour faire ajourner
indéfiniment la dénonciation réclamée par les Chambres
de commerce, en établissant une compensation entre
les mauvais effets de la Convention de 1883, et les
bienfaits de celle de Madrid acceptée par quelques-uns
des Etats contractants. Les fonctionnaires du bureau
international de Berne se débarrasseraient ainsi du
cauchemar de la dénonciation, qu'ils redoutent pour

des raisons particulières que la France n'a pas à prendre en considération.

Telle est la critique que nous avions à formuler au
sujet de l'article 1er du projet d'arrangement sur le-
quel se concentre tout l'intérêt de ce projet.

L'article 2 rend la saisie obligatoire, de facultative
qu'elle était.

L'article 3 consacre une vérité banale qui n'a pas
besoin d'être inscrite dans une convention.

L'article 4 maintient à la Convention de 1883 le
caractère d'un traité diplomatique en blanc et au por-
teur. Il laisse la porte de l'Union toute grande ouverte
pour des pays qui n'ont, ni loi sur les brevets, ni lois
sur les marques ou les dessins, et peuvent échanger,
dans ces conditions, le traitement du national avec
les pays de l'Union, sans rien accorder, en réalité, aux
citoyens de l'Union.

L'article 5 qui règle l'entrée en vigueur, devrait être
ainsi conçu :

« Le présent arrangement entrera en vigueur vis-
» à-vis de chaque nation, à partir du jour où toutes
» les formalités constitutionnelles auront été remplies,
» et dans les pays où il est admis que la Convention ne
» peut s'appliquer qu'après que la loi particulière de ces
» pays aura été mise en harmonie avec elle, à partir du
» jour où les dispositions qui précèdent auront reçu
» la sanction législative. »

II

PROJET DE PROTOCOLE

Pour l'interprétation de certains articles
de l t Convention de 1883.

L'article 3 de la Convention de 1883 accorde les
mêmes avantages qu'aux citoyens faisant partie de
l'Union, à ceux qui, bien que lui étant étrangers, pos-

sèdent, quelque part dans l'Union, un domicile ou un établissement industriel ou commercial.

Cet article présente deux graves inconvénients :

1o L'établissement en question peut être simplement commercial, et peu sérieux. Il peut appartenir à un prête-nom.

2o Fût-il sérieux, la présomption sur laquelle repose l'article 3, à savoir qu'un établissement situé en Belgique, au Brésil, aux Etats-Unis, en Angleterre, en Italie, par exemple, assurera au citoyen d'un Etat qui ne protège pas les marques françaises, les mêmes avantages que si cet établissement était situé en France, — cette présomption est absurde, et marquée au coin d'un cosmopolitisme industriel qui ne cadre pas avec la répartition actuelle des forces économiques.

L'article 1er du projet de protocole pour l'interprétation de certains articles de la Convention de 1883 internationale supprime l'un des inconvénients, celui de la possession fictive d'établissements industriels dans l'Union; mais il laisse subsister l'autre, résultant de ce que le système de l'Union supprime les frontières, par une fiction regrettable, dans l'ordre d'idées des marques de fabrique.

Ce point mérite quelques explications.

Deux systèmes sont en présence pour le régime international des marques de fabrique :

1° Le système de conventions ou d'articles de traités de commerce, liant séparément la France avec les nations étrangères. C'est le régime actuel franco-roumain depuis la conclusion de la Convention du 29 avril 1889, signée avec la Roumanie pour la protection des marques de fabrique.

Une convention-type peut ainsi être conclue séparément et successivement, *sans aucune solidarité*, avec les nations qui voudront entrer dans la voie de la protection des marques.

2° Le système d'une Union conclue entre toutes les nations qui voudront protéger les marques, par la signature simultanée d'une convention unique, ou l'adhésion subséquente d'Etats nouveaux. Tel est celui qui a été inauguré par la Convention internationale du 20 mars 1883. Ce système se distingue de l'autre, en ce que l'Etat, qui entre dans l'Union, contracte du même coup avec tous les pays signataires, de même qu'en dénonçant la convention il se délie, au bout d'une année, vis-à-vis de tous. Dans ce système, le régime franco-suisse des marques de fabrique se trouve solidaire des régimes franco-belge, franco-italien, franco-espagnol, etc. En outre, comme la convention d'Union a pour résultat inévitable de faire que tous les Etats de l'Union soient réputés n'en faire qu'un seul, au point de vue des marques, l'assimilation, dont le principe, admis par l'article 3 de la Convention, se trouve confirmé par l'article 1er du projet de protocole reproduit ci-dessus, devient comme une conséquence, pour ainsi dire nécessaire, de la substitution du régime de l'Union, au régime d'une série de conventions séparées, signées successivement avec les mêmes nations. Il n'y a pas d'Union possible sans le principe de l'assimilation contenu dans l'article 3. Or cette assimilation est une innovation d'ordre cosmopolite et humanitaire qui ne cadre pas avec la défense de nos intérêts nationaux et n'est bonne qu'à donner satisfaction aux théoriciens et aux professeurs de législation internationale comparée.

C'est ce qu'il est facile de démontrer.

D'après l'article 5 de la loi du 23 juin 1857, sur les marques de fabrique, les étrangers, même appartenant à des pays où les marques françaises ne sont pas protégées, s'ils possèdent en France des établissements industriels, jouissent, *pour les produits de leurs établissements*, du bénéfice de la loi française sur les marques, en remplissant les formalités qu'elle prescrit.

C'est juste, équitable et conforme aux intérêts nationaux; car il s'agit d'établissements occupant des ouvriers, des capitaux français et payant des impôts à l'Etat.

Ce qui distingue le régime d'une Union du régime de conventions signées séparément avec chaque nation étrangère voulant entrer dans la voie de la protection réciproque des marques de fabrique, c'est que l'article 5 de la loi de 1857 se trouve, pour ainsi dire, transporté obligatoirement du domaine de la législation nationale, où il est à sa place, dans celui de la législation internationale, où il offre de graves inconvénients; car, loin de présenter dans le deuxième cas, comme dans le premier, un caractère de disposition protectrice des intérêts nationaux, il revêt, au contraire, un caractère non équivoque de cosmopolitisme industriel. L'article 5 de la loi de 1857, transporté dans le domaine international, devient alors l'article 3 de la Convention internationale, ainsi conçu :

ART. 3. — « Seront assimilés aux sujets ou citoyens de l'Union, les sujets ou citoyens de pays non signataires, qui possèdent dans l'une des nations contractantes, soit un domicile, soit un établissement industriel ou commercial. »

Il suffit de le lire, pour comprendre combien est imprudent le transport dans le domaine international d'une disposition, excellente en soi, quand elle figure dans une loi intérieure.

Nous n'avons, par exemple, de convention, pour les marques, ni avec la Bolivie, ni avec le Pérou, ni avec la République Argentine. Eh quoi ! il suffira à un citoyen d'un de ces Etats d'avoir un dépôt de caoutchouc, par exemple, quelque part (?) au Brésil (pays d'Union), pour voir sa marque protégée en France, à l'égal d'une marque anglaise, suisse ou belge ? Et l'on réputera, sous ce rapport, situé en France tout établissement situé dans l'Union ?

A ce point de vue, le système de l'Union, qui réside tout entier dans l'application de cette disposition, ne peut se prêter à la défense des intérêts d'un pays qui, comme la France, recherchant moins le bon marché que la qualité, verrait les établissements destinés à assurer à leurs propriétaires le bénéfice de l'Union s'implanter, de préférence, dans les pays de production à bon marché tels que l'Angleterre, la Belgique ou la Hollande.

Art. 2. — L'article 2 du Protocole concerne les pays d'outre-mer.

Art. 3. — L'article 3 organise l'indépendance des brevets pris dans divers pays de l'Union. — C'est une question qui regarde les législations particulières.

Art. 4. — L'article 4 concède à chaque pays le droit d'interpréter selon ses intérêts le mot « exploiter » contenu dans l'article 5.

On sait que l'article 32 de la loi du 5 juillet 1844 interdit, sous peine de déchéance du brevet, *et avec juste raison*, l'introduction de produits brevetés fabriqués à l'étranger (1). L'inventeur est tenu, en outre, d'exploiter dans un délai de deux ans. Mais il peut interrompre l'exploitation commencée pendant une période de deux années.

L'article 5 de la Convention de 1883, abrogeant l'article 32 de la loi de 1844, a décidé que l'introduction des produits brevetés n'entrainerait plus la déchéance du brevet.

L'article 4 du projet de protocole, reprenant un article voté, en 1886, par la conférence de Rome, qui n'a jamais été ratifiée, concède aux divers Etats le droit d'interpréter le mot « *exploiter* » conformément à leurs intérêts. Et l'on fait ressortir que cette faculté d'interprétation, que les Etats tiennent de leur propre indépendance, sans qu'ils aient besoin, pour l'exercer, d'y être autorisés par une convention internationale, est de nature à pallier les inconvénients de l'article 5.

Mais, en raisonnant de la sorte, on oublie que l'exploitation n'est obligatoire qu'au bout de deux ans, et peut, si elle a été commencée dans ce délai, être interrompue à nouveau, pendant plusieurs périodes de deux ans, séparées par une période d'exploitation. A quoi servira-t-il, dès lors, d'interpréter dans un sens étroit et rigoureux le mot « exploiter », puisqu'on ne peut

---

(1) Une loi de 1856 tempère cette interdiction en permettant de se faire autoriser à introduire un modèle.

faire grief, à l'inventeur, de ne pas exploiter, qu'après la deuxième année, et puisqu'il tient de la loi elle-même la faculté d'interrompre l'exploitation commencée, pendant une série de périodes de deux années, séparées par une période d'exploitation sérieuse, dont le législateur n'a pas fixé la durée?

Il faut donc choisir entre la libre introduction *sans aucune obligation d'exploiter*, qui serait désastreuse pour notre industrie, ou l'interdiction formelle d'introduire autre chose que des modèles, rétablie par la radiation de l'article 5, et le retour à la loi de 1844.

La radiation de l'article 5, réclamée par les Chambres de commerce, doit donc être demandée à Madrid en 1890, comme elle l'a été à Rome en 1886. L'article 4 du projet de protocole deviendra alors sans objet.

Les propositions du bureau de Berne et de l'Administration espagnole, bien que tenant compte de certains *desiderata* des Chambres de commerce, et devant améliorer notablement le système de l'Union, nous paraissent donc inacceptables, telles qu'elles ont été transmises aux Chambres de commerce par la circulaire du 22 janvier :

1° Parce que le système d'une Union doit être abandonné, dans l'état actuel de la concurrence étrangère, et parce qu'il faut que la France revienne au système, bien préférable, des conventions signées séparément, sans aucune solidarité, et en dehors des traités de commerce ;

2° Parce que le système d'une Union internationale, fût-il reconnu le meilleur de tous, il importe de ne pas solidariser la convention qui pourra sortir de la Conférence de Madrid, avec celle de 1883 ; car celle-ci continuera à être en vigueur pour ceux des Etats qui, comme l'Italie, refuseront de renoncer aux concessions obtenues de la France en 1883 ; et la France ne pourra se délier vis-à-vis de ces nations, sans dénoncer la Convention vis-à-vis de tous, et perdre ainsi le bénéfice des résultats acquis à Madrid.

Impossibilité de concilier le système actuel de l'Union internationale avec la défense des intérêts français.

La Convention de 1883 s'applique : 1° aux brevets; 2° aux marques; 3° aux dessins de fabrique; 4° aux noms commerciaux; 5° aux fraudes commises avec les produits étrangers.

Brevets d'invention.

Aucune entente internationale n'est possible pour les brevets, tant qu'on ne se sera pas mis d'accord, pour adopter ou rejeter l'examen préalable, pierre d'achoppement de toute unification. Cette entente n'est pas à désirer pour l'industrie française, qui paiera toujours les frais de toute innovation internationale dont doivent profiter les inventeurs étrangers en France. Il ne peut y avoir, au surplus, de compensation, pour notre industrie, entre l'aggravation de la charge des brevets pour la fabrique étrangère, au profit de nos inventeurs, et cette même aggravation en France au profit des inventeurs étrangers.

L'assimilation des étrangers aux nationaux pour la prise du brevet, admise par toutes les législations, est parfaitement suffisante.

La constitution de l'Union de 1883 a entraîné la France dans la voie d'une double concession, faite *sans aucune contre-partie diplomatique.*

A. Droit de priorité. — La délibération remarquable de la Chambre syndicale métallurgique de Lille et du Nord, jointe à ce rapport, établit péremptoirement que le droit de priorité pour la prise des brevets, quelque séduisant qu'il soit en apparence, n'est, en réalité, qu'une traite tirée à vue sur l'industrie française et la liberté du travail, au nom des inventeurs — cela ne

profite, pour ainsi dire, presque pas aux inventeurs
français — par ceux qui exploitent, dans les Congrès
internationaux, et dans un intérét professionnel, la soi-
disant défense des intérêts des inventeurs, toujours
enclins à se laisser séduire par de belles paroles, et
disposés à se croire tenus à une dette de reconnais-
sance envers ceux qui ont toujours à la bouche,
dans les Congrès internationaux, ces mots : Défendons
les inventeurs !

Faire dépendre d'un événement futur et incertain,
tel que la prise d'un brevet dans les six mois par un
citoyen d'une des dix-sept nations contractantes, — ou
un assimilé, — faire dépendre de cela le caractère
licite ou illicite d'une fabrication, en faisant produire
à ce brevet, même au point de vue de la sanction cor-
rectionnelle, un effet rétroactif, est une innovation
dangereuse, contraire aux principes élémentaires du
droit pénal, et de nature à paralyser l'esprit d'initiative ;
car elle entrave les industriels qui voudraient améliorer leur outillage, par la crainte de poursuites correc-
tionnelles, contre lesquelles le droit de priorité ne per-
met plus jamais de les rassurer.

B. LIBRE INTRODUCTION SANS DÉCHÉANCE DU BRE-
VET. — Quant à la libre introduction des objets brevetés, sans déchéance du brevet, elle permettra, sans
profit pour l'acheteur, puisqu'il y a un monopole, de
transporter à l'étranger la fabrication exclusive, moins
celle nécessaire pour satisfaire à l'obligation d'exploiter, et qui peut être, en réalité, insignifiante.

Il importe donc de laisser les brevets d'invention
en dehors des conventions internationales relatives à
la propriété industrielle, et de s'en tenir à la disposition commune à toutes les lois sur les brevets, d'après
laquelle les étrangers sont assimilés aux nationaux
pour la prise des brevets d'invention et la défense de
leurs droits.

Marques de fabrique.

Le droit de priorité de trois mois pour le dépôt dans l'Union, n'a pas de sens, tant que le principe du dépôt constitutif de la propriété, contraire aux traditions françaises, n'aura pas remplacé le principe du dépôt déclaratif.

De même que pour les brevets d'invention, aucune entente internationale ne sera utile, tant qu'on n'aura pas accepté ou rejeté, dans tous les Etats contractants, le principe de l'examen préalable en matière de dépôt de marques de fabrique.

La réciprocité pour la protection des marques est d'ailleurs inscrite dans tous les traités de commerce et se trouve ainsi assurée, en cas de dénonciation de l'Union, jusqu'au 1er février 1892.

Dessins et modèles.

L'échange du traitement du national, substitué, pour les dessins de fabrique, à la réciprocité diplomatique ou légale inscrite dans l'article 9 de la loi du 26 novembre 1873, fait que nous protégerons à perpétuité les modèles allemands et italiens, bien que nos modèles soient pillés impunément en Allemagne, et que la loi italienne n'accorde qu'une protection de deux ans à nos modèles.

Nom commercial.

Le nom commercial est protégé partout, en vertu du droit des gens. Les exemples invoqués pour prouver le contraire sont empruntés à des décisions de tribunaux étrangers, jugeant, EN FAIT, que tel nom de personne est devenu un nom générique, une qualification usuelle.

C'est ce qui est arrivé en Italie pour le nom de Christophle. Une convention internationale destinée à rayonner exclusivement dans le domaine du droit, sera toujours impuissante à empêcher les tribunaux étrangers de juger, EN FAIT, que tel ou tel nom propre est devenu un nom commun (1). Les abus dont on se plaint pourront donc se perpétuer de la sorte, grâce à ce subterfuge de tribunaux dont nos nationaux n'ont pas toujours la sympathie.

On trompe d'honorables commerçants victimes de ces abus, en leur faisant accroire que la Convention peut en rendre le retour impossible.

Dépôt de la marque telle quelle.

Cet avantage qui résulte, pour nos fabricants, de l'article 6 de la Convention, n'existe que sous la réserve de cet autre principe, maintenu par la jurisprudence, qu'on ne peut avoir plus de droit dans l'Union que dans le pays du dépôt d'origine.

Il en résulte que les citoyens des pays où la loi est moins large que la législation française pour le choix de la marque, ne peuvent, malgré les promesses de la Convention, déposer valablement en France leur marque *telle quelle*, si elle n'est pas conforme à la législation de leur pays.

Il résultera donc de cet article 6, pour les étrangers en France, des déceptions qui pourront se traduire par des réclamations diplomatiques embarrassantes.

---

(1) Un arrêt très récent de la Cour de Paris, ayant à infirmer ou confirmer une théorie de droit international reposant sur l'article 6 de la Convention de 1883, a supprimé les considérants juridiques du jugement, qu'il a infirmé, pour supprimer la question de droit, en jugeant uniquement EN FAIT et pour augmenter le chiffre des dommages et intérêts.

Fraudes commises avec les produits étrangers.

L'article 10 encourage la tromperie.

La nouvelle rédaction proposée par le bureau international, il est vrai, mettrait un terme à cette consécration de la fraude ; mais l'article 10 de 1883 subsistera pour les pays qui n'adhéreront pas aux nouvelles propositions. L'Italie persiste à soutenir qu'en mettant des noms de villes françaises sur des produits italiens, elle fait à notre industrie *une réclame gratuite* (sic).

Les prescriptions législatives relatives à la tromperie sur la provenance des marchandises se rattachant à la législation sur les douanes, la *clause de la nation la plus favorisée* s'y applique incontestablement. L'attitude de l'Italie permettra donc à l'Allemagne de revendiquer un jour, pour ses nationaux, l'impunité pour la fraude classique dont souffre l'industrie française.

Incompatibilité entre une Union internationale quelconque pour la propriété industrielle et la défense des intérêts français.

Brevets d'invention. — L'industrie française paiera fatalement les frais de toute innovation internationale dans cette matière.

Aucune convention d'unification ne pourra être conclue sans que la France abandonne les deux avantages qu'elle possède sur les nations étrangères, et que nous avons indiqués plus haut.

Marques de fabrique. — La disposition de l'article 3, sans laquelle on ne conçoit pas de véritable Union, supprime, en fait, l'intérêt que peuvent avoir à protéger les marques de l'Union, les nations qui n'ont ni loi ni convention relative aux marques.

Fraudes commises avec les produits étrangers. — Une Union organise la répression de cette fraude même au profit des pays qui l'exploitent le plus, et cela sans réciprocité. Leurs assimilés peuvent se réclamer de l'article 3.

Dessins et modèles. — Même observation que pour les marques et les fraudes.

III

PROJET D'ENREGISTREMENT INTERNATIONAL

des marques au bureau de l'Union de Berne.

Ce projet, présenté par le bureau international de Berne, est la conséquence logique du système de l'Union.

Il est un acheminément vers le remplacement du dépôt au greffe du tribunal de commerce local par un dépôt central établi à Berne, et dispensant de tous les autres. La nouveauté de la marque, nécessaire pour la validité du dépôt, étant relative, c'est-à-dire envisagée seulement au point de vue régional, le système de l'enregistrement central, proposé par le bureau de Berne, élargirait singulièrement le cadre des recherches d'antériorités. Car la nouveauté exigée pour la validité du dépôt d'une marque deviendrait absolue dans l'Union, comme la nouveauté en matière d'inventions. Il ne suffirait plus, pour qu'une marque fût nouvelle, qu'elle n'eût pas encore été employée antérieurement, en France, par une industrie similaire ; mais il faudrait qu'elle n'eût encore été utilisée dans aucune des 17 nations de l'Union, chose absolument impossible à vérifier. Tout créateur d'une marque dans un pays de l'Union serait ainsi exposé, lorsqu'il aurait fait des frais considérables pour la faire connaître, à être évincé au bout de quelques années, dans son propre pays, par un étranger qui prouverait l'avoir devancé, au delà des mers, dans l'exploitation de cette marque, et bénéficierait ainsi, en France, de la notoriété acquise à grands frais par celui qui ignorait l'antériorité étrangère. Sous prétexte de consolider la protection de nos marques à l'étranger, nous risquerions de la compromettre même sur le territoire.

Ce grave inconvénient ne pourrait être évité que par le système d'un dépôt à Berne, attributif de la propriété de la marque dans l'Union, système qui est contraire aux traditions et à la pratique de l'industrie nationale.

Tant il vrai que, dans cette matière, comme dans d'autres, le mieux est l'ennemi du bien !

Clause de la nation la plus favorisée.

Il faut s'attendre à voir un jour se poser diplomatiquement la question de la *nation la plus favorisée*, à propos de la propriété industrielle. Une commission allemande, s'occupant officiellement de la réforme des brevets, a reconnu formellement que cette clause ne pouvait être invoquée en matière de brevets d'invention ; mais elle a demandé que des brevets allemands fussent refusés, dans le projet de loi à l'étude, aux citoyens des pays de l'Union où les Allemands ne jouiraient pas, en matière de brevets, du bénéfice de la clause de la nation la plus favorisée.

La question est grave pour les marques, et surtout pour les fraudes commises au moyen de fausses indications de provenance. Car la législation sur cette matière est, au premier chef, une législation douanière, ainsi que M. le sénateur Bozérian l'a déclaré à la tribune du Sénat, le 6 novembre 1886. Jusqu'au 22 novembre 1879, on pouvait soutenir, que si les marques et les dessins tombaient sous le coup de l'article 11 du traité de Francfort, la convention additionnelle, signée à Berlin le 12 octobre 1871, pour remettre en vigueur le traité du 2 août 1862 conclu, pour cet objet, avec le *Zollverein*, eût été inutile, et qu'en conséquence la clause de cet article ne s'applique pas aux marques de fabrique et aux dessins.

Mais, à la date du 22 novembre 1879, a été conclue, avec l'Autriche-Hongrie, une convention relative aux marques et aux dessins, aux termes de laquelle les parties contractantes échangent le *traitement de la nation la plus favorisée*. L'expression n'est pas heureuse; mais elle figure en toutes lettres dans la convention.

On ne peut donc plus soutenir que cette clause ne s'applique pas à notre matière. D'ailleurs, la jurisprudence française l'étend, peu à peu, à toutes les questions commerciales, telles que billets à ordre, compétence, etc. (1). La jurisprudence belge l'a appliquée à une question de propriété littéraire (2).

Défaut de réciprocité aux Etats-Unis et en Angleterre.

Ces deux nations ont adhéré à l'Union, l'Angleterre en 1883, les Etats-Unis en 1887. Aucun tribunal français ne refuserait de faire profiter, en France, les citoyens ou sujets de ces pays, du nouveau régime international de la propriété industrielle. Cependant la jurisprudence anglaise, comme celle de Washington, vient de refuser d'accorder à des citoyens de l'Union le bénéfice de la Convention, sous prétexte que la loi intérieure n'est pas en harmonie avec elle.

Déjà, aux Etats-Unis, un arrêt de la Cour suprême

---

(1) Tribunal de Saint-Etienne, 20 juillet 1886, aff. Weill; *Gazette des Tribunaux*, 12 avril 1888, aff. Soulet et Billiot c. Heutch. — Vincent et Penaud, *Dictionnaire de droit international*, page 268, nᵒ 143 et suivants.

(2) Tribunal civil de Bruxelles, 3 août 1880.

du 18 novembre 1879, avait déclaré les traités franco-
américains de 1874 et de 1876, conclus pour la protection des marques, nuls comme inconstitutionnels. Tan-
dis que le pouvoir de légiférer pour les brevets d'invention et la propriété littéraire a été énuméré dans
les pouvoirs accordés au Congrès, par la Constitution,
celui de légiférer sur les marques n'y est pas compris.

De là, l'inconstitutionnalité des traités de 1876.

Une loi du 3 mars 1881 a organisé l'enregistrement
des marques étrangères aux Etats-Unis ; mais la Constitution n'ayant pas été amendée, il est clair que, si le
Congrès était impuissant pour légiférer sur la matière
en 1876, il ne l'était pas moins en 1881. Cette loi n'a eu
vraisemblablement pour but que de calmer l'agitation
produite en Europe par l'arrêt de 1879, et d'épargner
des représailles législatives aux industriels des Etats-
Unis. Elle organise l'enregistrement des marques
étrangères, mais sans aucune sanction: elle est conçue,
d'ailleurs, dans des termes très obscurs.

L'objection d'*inconstitutionnalité*, soulevée, en 1879,
par la Cour suprême, dont les arrêts dominent le Congrès lui-même, était spéciale à la matière des marques,
et ne pouvait être invoquée pour les brevets d'invention, puisque l'énumération des pouvoirs attribués au
Congrès par la Constitution comprend celui de légiférer en matière de brevets d'invention. On pouvait donc
croire que, si l'adhésion à la Convention de 1883 était
un jour déclarée inconstitutionnelle, pour les marques,
elle ne soulèverait aucune objection pour les brevets.

Cependant un arrêt récent, commenté par le discours
de l'attorney général américain, a refusé à M. Bour-
quin, citoyen suisse, le bénéfice du droit de priorité
de six mois, sous prétexte que l'adhésion du gouverne-
ment fédéral de Washington à la Convention n'avait
pas reçu la sanction législative.

Qu'il s'agisse de conventions diplomatiques, destinées
à donner, soit un supplément de garantie aux étrangers
inventeurs, propriétaires de marques et de dessins, aux
écrivains, soit une garantie quelconque aux artistes et

aux sculpteurs, c'est se leurrer que de compter sur la réciprocité aux Etats-Unis.

Un arrêt identique a été rendu en Angleterre, au sujet de la marque *Sirup of Figs*. Le bénéfice du *telle quelle* de l'article 6 a été refusé au demandeur, citoyen de l'Union. L'attorney général, dont les conclusions ont été adoptées, a déclaré qu'il aurait fallu, pour que la Convention fût applicable, que la législation intérieure eût été mise en harmonie avec elle. C'est là un principe subversif de toute entente internationale. Ce qu'il importe de noter, c'est que la législation anglaise, draconienne sur les marques de fabrique, qui s'oppose, paraît-il, à l'exécution loyale de la Convention de 1883, est postérieure en date à cette Convention.

Les Anglais savent que le bénéfice de la *clause de la nation la plus favorisée* leur est acquis chez nous, en vertu de la loi du 27 février 1882. Cela leur suffit.

CONCLUSION

La France n'échappera pas à la nécessité de dénoncer tôt ou tard la Convention de 1883, bien qu'elle en ait pris l'initiative. Nous croyons, pour les raisons que nous venons d expliquer, que le plus tôt sera le meilleur. C'est ce que démontrerait clairement une discussion contradictoire, si elle avait lieu, devant une commission impartiale.

Néanmoins nous reconnaissons volontiers qu'il est trop tard pour prendre une pareille mesure, avant la conférence de Madrid, et qu'il faut que la France s'y fasse représenter.

Dans quel sens devront être conçues les instructions à donner à nos délégués ? — Ils devront, selon nous, faire tous leurs efforts pour trouver et faire adopter la formule la plus protectrice de la loyauté commerciale, sans s'occuper des dissidences qui pourront se produire, et des inconvénients graves de l'article 10 de la Convention de 1883.

Alors, de deux choses l'une :

Ou l'on voudra persister dans la voie d'une Union internationale, et les Etats signataires des nouvelles propositions faites à la conférence de Madrid n'auront qu'à dénoncer la Convention de 1883, pour en signer immédiatement après, entre eux, une nouvelle, basée sur les articles votés à la conférence de 1890.

Ou l'on voudra renoncer au système d'une Union, pour revenir au régime des conventions séparées et des traités de commerce. Dans ce cas, il n'y aura, après avoir dénoncé la Convention de 1883, qu'à extraire des conventions de 1883, 1886 et 1890, les dispositions qui sembleront, *après mûr examen*, favorables aux intérêts français, et à en composer la formule unique d'une convention-type qui sera offerte à la signature des nations désireuses d'assurer la protection des marques et des dessins industriels (mais qui sera signée séparément avec chacun de ces pays, sans aucune solidarité).

La délibération ci-jointe de la Chambre syndicale des constructeurs-mécaniciens du Nord prouve que les conventions à intervenir devront laisser de côté les brevets d'invention.

La dénonciation qui devra avoir lieu, après la Conférence de Madrid, quelle que soit celle des deux solutions qui soit adoptée, rendra leur effet utile aux stipulations, relatives aux marques et aux dessins, insérées dans les traités de commerce, et qui, depuis le 8 juillet 1884, faisaient double emploi avec la Convention de 1883.

La protection des marques et dessins sera ainsi assurée jusqu'au 1er février 1892, si on dénonce les traités de commerce.

On aura tout le temps nécessaire pour conclure de nouvelles conventions spéciales, séparément avec chaque nation étrangère, aucune nation civilisée n'étant intéressée à interrompre, dans les rapports internationaux, la protection des marques de fabrique et des dessins.

Qu'on ne dise pas qu'il est à craindre que ces conventions ne soient pas signées et que le régime actuel soit remplacé par le néant, si on fait table rase. Car, si les nations de l'Union avaient un intérêt quelconque à voir se produire cette interruption dans la protection réciproque des marques, après que nous aurons dénoncé les traités de commerce, elles n'auraient qu'à dénoncer elles-mêmes la Convention de 1883.

Cette Convention ne peut donc avoir pour effet d'empêcher cette interruption si les nations étrangères la désiraient, ce qui est, d'ailleurs, invraisemblable.

Telle est, Monsieur le Ministre, l'opinion qui résulte pour nous, de l'étude attentive de la Convention internationale de 1883, et que vous avez bien voulu nous prier de formuler dans ce rapport.

Nous remettons, à l'appui, la collection des articles consacrés à cette question par le *Journal des Procès en contrefaçon,* auquel on peut se reporter pour les détails.

Veuillez agréer. Monsieur le Ministre, l'assurance de mon profond respect.

Louis Donzel,

Avocat à la Cour d'appel de Paris.

Paris, le 11 mars 1890.

90-252 — PARIS. — IMPRIMERIE CHARLES BLOT, RUE BLEUE, 7.

EN PRÉPARATION

DU MÊME AUTEUR

COMMENTAIRE ET CRITIQUE

DE LA

CONVENTION INTERNATIONALE

du 20 Mars 1883

POUR LA PROTECTION DE LA PROPRIÉTÉ INDUSTRIELLE

Un volume de 500 pages

LIBRAIRIE MARCHAL ET BILLARD

PRIX : **8** fr. **50**

PARIS. — IMPRIMERIE CHARLES BLOT, RUE BLEUE, 7.

www.ingramcontent.com/pod-product-compliance
Ingram Content Group UK Ltd.
Pitfield, Milton Keynes, MK11 3LW, UK
UKHW020101100726
13658UKWH00004B/1898